Impressum
Verlag: BABADADA GmbH, Nedderfeld 112 , 22529 Hamburg
Geschäftsführer / Verlagsleitung: Harald Hof
Druck: Books on Demand GmbH, In de Tarpen 42, 22848 Norderstedt

Imprint
Publisher: BABADADA GmbH, Nedderfeld 112 , 22529 Hamburg, Germany
Managing Director / Publishing direction: Harald Hof
Print: Books on Demand GmbH, In de Tarpen 42, 22848 Norderstedt

σχολείο
sekolah

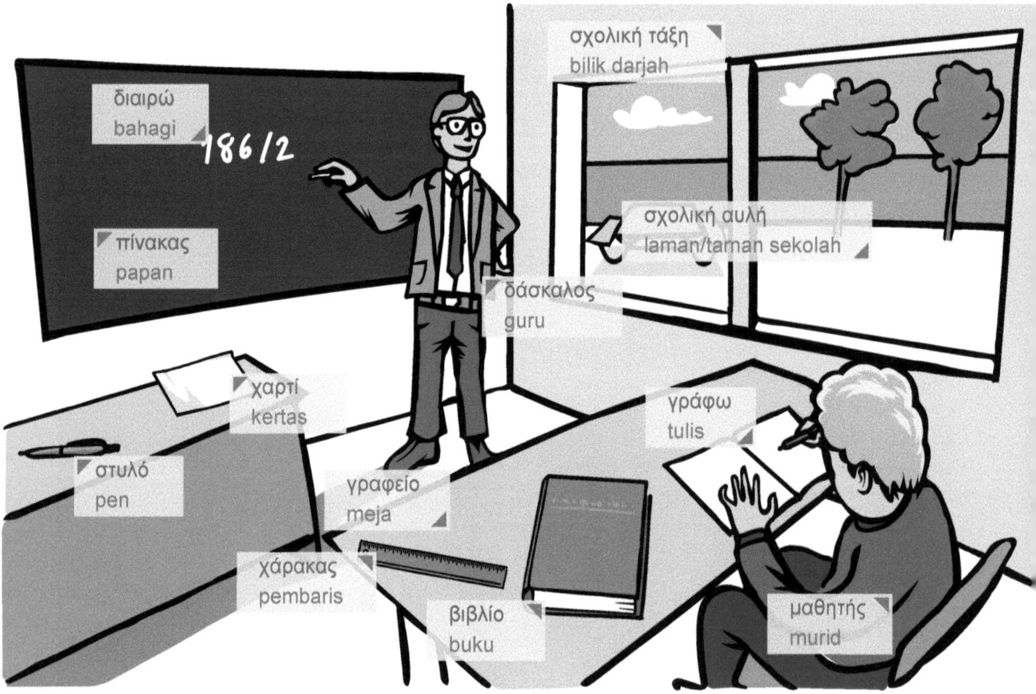

σχολική τάξη
bilik darjah
διαιρώ
bahagi
186/2
πίνακας
papan
σχολική αυλή
laman/taman sekolah
δάσκαλος
guru
χαρτί
kertas
γράφω
tulis
στυλό
pen
γραφείο
meja
χάρακας
pembaris
βιβλίο
buku
μαθητής
murid

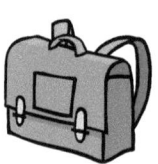

σχολική τσάντα

beg galas

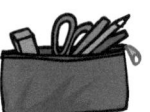

κασετίνα/ μολυβοθήκη

kotak pensel

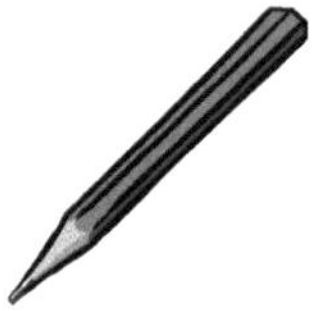

μολύβι

pensel

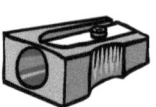

ξύστρα

pengasah pensel

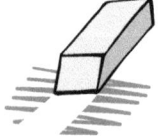

γόμα

pemadam

μπλοκ ζωγραφικής

kertas lukisan

ζωγραφική

melukis

πινέλο

berus lukis

κουτί χρωμάτων

kotak warna

ψαλίδι

gunting

κόλλα

gam

τετράδιο ασκήσεων

buku latihan

εργασία για το σπίτι

kerja rumah

12

αριθμός

nombor

2+2

προσθέτω

tambah

5-2

αφαιρώ

tolak

2×2

πολλαπλασιάζω

darab

υπολογίζω

kira

A

γράμμα

huruf

ABCDEFG HIJKLMN OPQRSTU VWXYZ

αλφάβητο

abjad

hello

λέξη

kata

κείμενο

teks

διαβάζω

baca

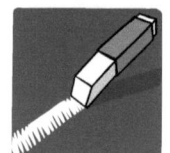

κιμωλία

kapur

μάθημα

pelajaran

εγγράφομαι

daftar

τεστ

peperiksaan

πιστοποιητικό

sijil

μαθητική στολή

uniform sekolah

εκπαίδευση

pendidikan

εγκυκλοπαίδεια

ensiklopedia

πανεπιστήμιο

universiti

μικροσκόπιο

mikroskop

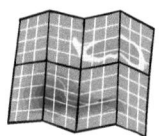

χάρτης

peta

καλάθι αχρήστων

bakul sampah

ταξίδι
berjalan

ξενοδοχείο
hotel
Grand
ξενώνας
asrama
ROOMS
ανταλλακτήρια συναλλάγματος
pejabat tukaran mata wang
βαλίτσα
beg pakaian
αυτοκίνητο
kereta

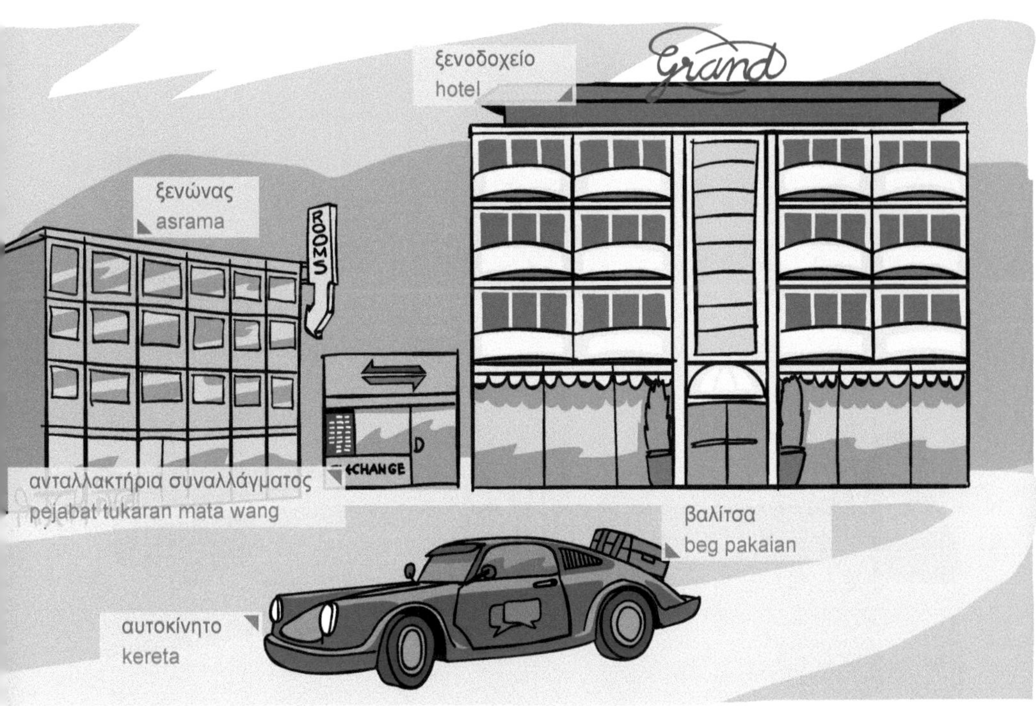

γλώσσα

bahasa

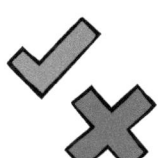

ναι / όχι

ya / tidak

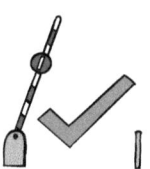

εντάξει

okey

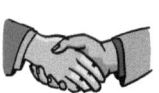

γεια σου

helo

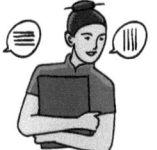

μεταφραστής

penterjemah

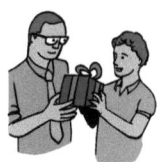

Ευχαριστώ

Terima kasih

πόσο κάνει ;

berapa banyak…?

Δε καταλαβαίνω

saya tidak faham

πρόβλημα

masalah

Καλησπέρα!

Selamat petang!

Καλημέρα!

Selamat Pagi!

Καληνύχτα!

Selamat Malam!

Αντίο

selamat tinggal

κατεύθυνση

arah

αποσκευές

bagasi

τσάντα

beg

σακίδιο πλάτης

beg galas

καλεσμένος

tetamu

δωμάτιο

bilik tidur

υπνόσακος

beg tidur

σκηνή

khemah

τουριστικές πληροφορίες

maklumat pelancong

παραλία

pantai

πιστωτική κάρτα

kad kredit

πρωινό

sarapan

μεσημεριανό

makan tengah hari

δείπνο

makan malam

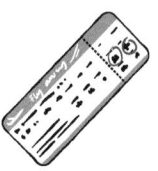

εισιτήριο

tiket

ανελκυστήρας

lif

γραμματόσημο

setem

σύνορα

sempadan

τελωνείο

kastam

πρεσβεία

kedutaan

βίζα

visa

διαβατήριο

pasport

μεταφορά
pengangkutan

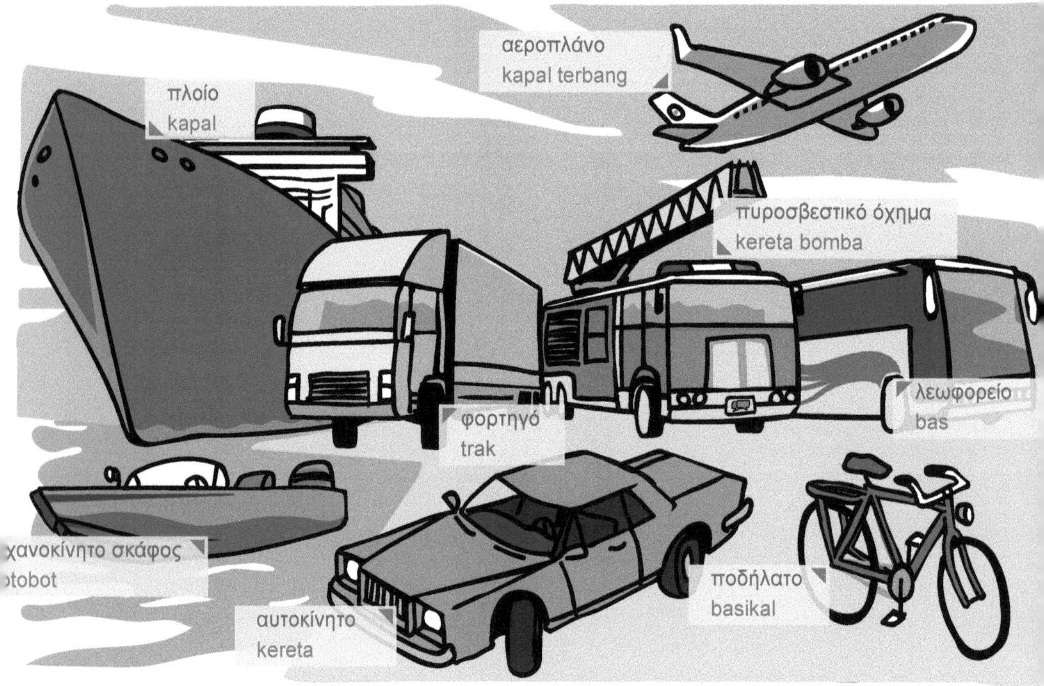

αεροπλάνο
kapal terbang
πλοίο
kapal
πυροσβεστικό όχημα
kereta bomba
λεωφορείο
bas
φορτηγό
trak
χανοκίνητο σκάφος
tobot
ποδήλατο
basikal
αυτοκίνητο
kereta

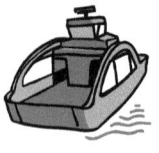

φεριμπότ

feri

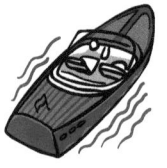

βάρκα

bot

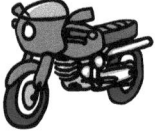

μοτοσικλέτα

motosikal

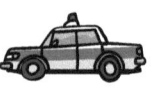

περιπολικό

kereta polis

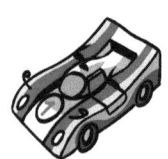

αγωνιστικό αυτοκίνητο

kereta lumba

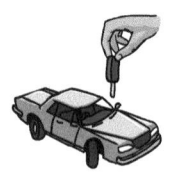

ενοικιαζόμενο αυτοκίνητο

kereta sewa

διαμοιρασμός αυτοκινήτων

berkongsi kereta

γερανός

trak tunda

απορριμματοφόρο

trak menolak

κινητήρας

motor

καύσιμο

bahan api

βενζινάδικο

stesen minyak

πινακίδα σήμανσης

tanda trafik

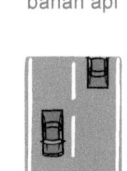

κυκλοφορία

trafik

κυκλοφοριακή συμφόρηση

kesesakan lalu lintas

χώρος στάθμευσης

tempat parkir

σιδηροδρομικός σταθμός

stesen kereta api

σιδηροδρομικές γραμμές

trek

τρένο

kereta api

τραμ

trem

βαγόνι

gerabak

ελικόπτερο

helikopter

αεροδρόμιο

lapangan terbang

πύργος

Menara

επιβάτης

penumpang

εμπορευματοκιβώτιο

bekas

χαρτοκιβώτιο

kadbod

καρότσι

kart

καλάθι

bakul

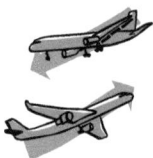

απογειώνομαι /
προσγειόνομαι

berlepas / mendarat

πόλη
bandar

χωριό

kampung

κέντρο της πόλης

pusat bandar

σπίτι

rumah

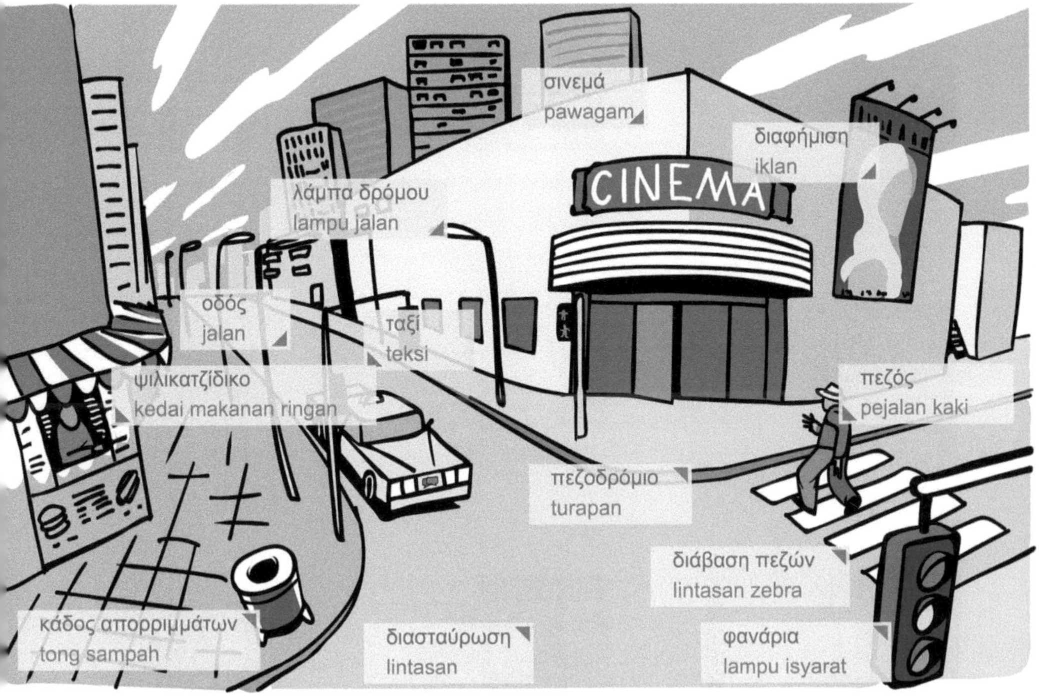

σινεμά
pawagam

διαφήμιση
iklan

λάμπα δρόμου
lampu jalan

CINEMA

οδός
jalan

ταξί
teksi

ψιλικατζίδικο
kedai makanan ringan

πεζός
pejalan kaki

πεζοδρόμιο
turapan

διάβαση πεζών
lintasan zebra

κάδος απορριμμάτων
tong sampah

διασταύρωση
lintasan

φανάρια
lampu isyarat

καλύβα
pondok

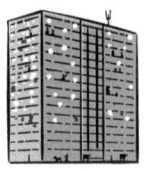

διαμέρισμα
flat

σιδηροδρομικός σταθμός
stesen kereta api

δημαρχείο
dewan bandar

μουσείο
muzium

σχολείο
sekolah

πανεπιστήμιο

universiti

τράπεζα

bank

νοσοκομείο

hospital

ξενοδοχείο

hotel

φαρμακείο

farmasi

γραφείο

pejabat

βιβλιοπωλείο

kedai buku

κατάστημα

kedai

ανθοπωλείο

kedai bunga

σούπερ μάρκετ

pasar raya

αγορά

pasaran

πολυκατάστημα

gedung

ιχθυοπωλείο

penjual ikan

εμπορικό κέντρο

pusat membeli-belah

λιμάνι

pelabuhan

πόλη - bandar

πάρκο

taman

παγκάκι

bangku

γέφυρα

jambatan

σκάλες

tangga

μετρό

bawah tanah

τούνελ

terowong

στάση λεωφορείου

hentian bas

μπαρ

bar

εστιατόριο

restoran

γραμματοκιβώτιο

peti surat

πινακίδα δρόμου

papan tanda jalan

παρκόμετρο

meter parkir

ζωολογικός κήπος

zoo

πισίνα

kolam renang

τζαμί

masjid

αγρόκτημα

ladang

ρύπανση

pencemaran

νεκροταφείο

tanah perkuburan

εκκλησία

gereja

παιδική χαρά

taman permainan

ναός

kuil

τοπίο
landskap

φύλλο
daun

πινακίδα κατεύθυνσης
tiang tanda

δρόμος
jalan

λιβάδι
padang rumput

πέτρα
batu

πεζοπόρος
pejalan kaki

δέντρο
pokok

ποτάμι
sungai

χορτάρι
rumput

λουλούδι
bunga

κοιλάδα

lembah

λόφος

bukit

λίμνη

tasik

δάσος

hutan

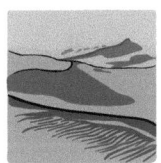

έρημος

padang pasir

ηφαίστειο

gunung berapi

κάστρο

istana

ουράνιο τόξο

pelangi

μανιτάρι

cendawan

φοίνικας

pokok kelapa sawit

κουνούπι

nyamuk

μύγα

terbang

μυρμήγκι

semut

μέλισσα

lebah

αράχνη

labah-labah

τοπίο - landskap

σκαθάρι

kumbang

βάτραχος

katak

σκίουρος

tupai

σκαντζόχοιρος

landak

λαγός

arnab

κουκουβάγια

burung hantu

πουλί

burung

κύκνος

angsa

αγριογούρουνο

babi jantan

ελάφι

rusa

άλκη

moose

φράγμα

empangan

ανεμογεννήτρια

turbin angin

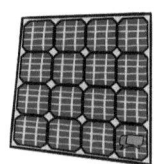

ηλιακός συλλέκτης

panel solar

κλίμα

iklim

σερβιτόρος
pelayan

κατάλογος
menu

καρέκλα
kerusi

σούπα
sup

πίτσα
piza

τραπεζομάντιλο
alas meja

μαχαιροπίρουνα
kutleri

ορεκτικό
pemula

κύριο πιάτο
hidangan utama

επιδόρπιο
pencuci mulut

ποτά
minuman

φαγητό
makanan

μπουκάλι
botol

φαστ φουντ

makanan segera

φαγητό στ' όρθιο

makanan jalanan

τσαγιέρα

teko

δοχείο ζάχαρης

mangkuk gula

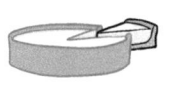

μερίδα

bahagian

μηχανή εσπρέσο

mesin espreso

ψηλή καρέκλα

kerusi tinggi

λογαριασμός

bil

δίσκος

dulang

μαχαίρι

pisau

πιρούνι

garfu

κουτάλι

sudu

κουταλάκι του τσαγιού

sudu teh

πετσέτα φαγητού

serviette

ποτήρι

gelas

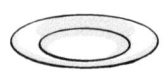

πιάτο
pinggan

πιάτο σούπας
mangkuk sup

πιατάκι φλιτζανιού
piring

σάλτσα
sos

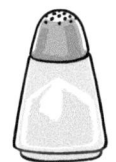

αλατιέρα
tempat garam

μύλος για πιπέρι
pengisar lada

ξύδι
cuka

λάδι
minyak

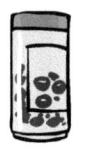

μπαχαρικά
rempah

κέτσαπ
sos

μουστάρδα
mustard

μαγιονέζα
mayones

σούπερ μάρκετ
pasar raya

προσφορά
tawaran istimewa
FOR
πελάτης
pelanggan
γαλακτοκομικά προϊόντα
tenusu
φρούτα
buah-buahan
καρότσι για ψώνια
troli

BUTCHERS

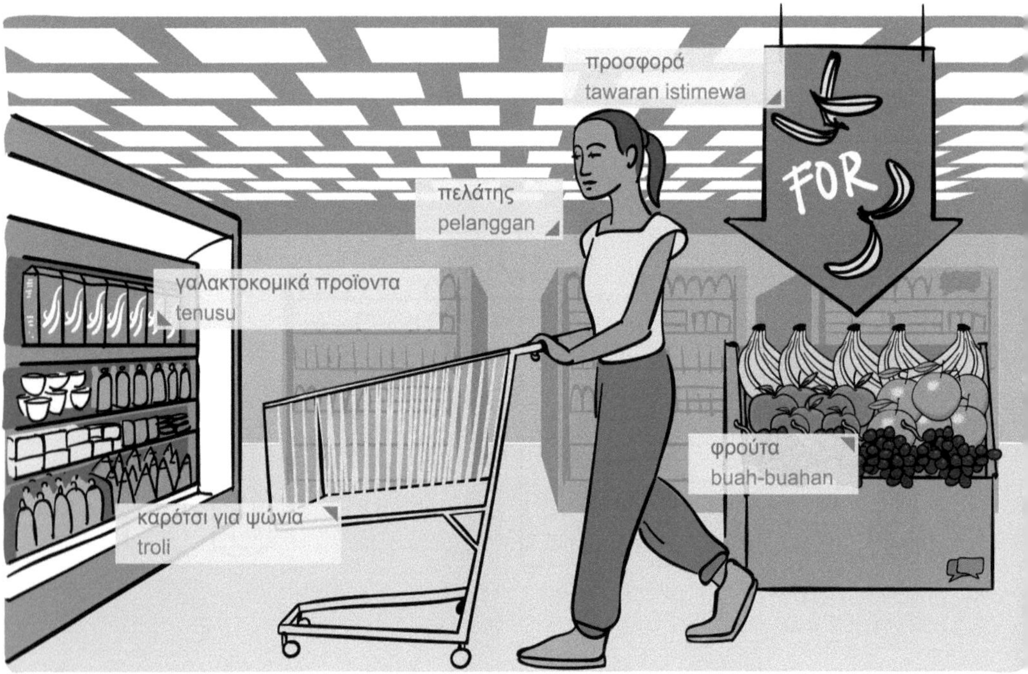

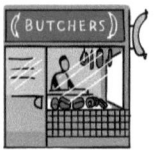

κρεοπωλείο

tukang daging

BAKERY

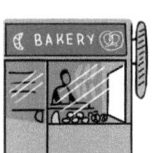

φούρνος

kedai roti

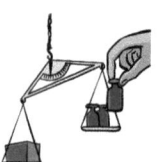

ζυγίζω

berat

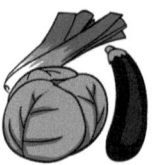

λαχανικά

sayur-sayuran

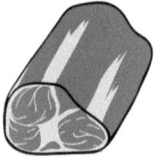

κρέας

daging

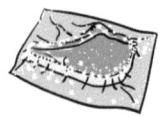

κατεψυγμένα τρόφιμα

makanan sejuk beku

αλλαντικά

daging sejuk

κονσερβοποιημένη τροφή

makanan dalam tin

απορρυπαντικό ρούχων

serbuk pencuci

γλυκά

gula-gula

οικιακά είδη

produk isi rumah

καθαριστικά προϊόντα

produk pembersihan

πωλήτρια

orang jualan

ταμείο

daftar tunai

ταμίας

juruwang

λίστα για ψώνια

senarai membeli-belah

ωράριο λειτουργίας

waktu pembukaan

πορτοφόλι

beg duit

πιστωτική κάρτα

kad kredit

τσάντα

beg

πλαστική σακούλα

beg plastik

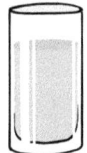

νερό

air

χυμός

jus

γάλα

susu

κόκα κόλα

kola

κρασί

wain

μπίρα

bir

αλκοόλ

alkohol

κακάο

koko

τσάι

the

καφές

kopi

εσπρέσο

espreso

καπουτσίνο

kapucino

μπανάνα

pisang

μήλο

epal

πορτοκάλι

oren

πεπόνι

tembikai

λεμόνι

lemon

καρότο

lobak merah

σκόρδο

bawang putih

μπαμπού

buluh

κρεμμύδι

bawang

μανιτάρι

cendawan

ξηροί καρποί

kacang

νουντλς

mi

μακαρόνια

spageti

ρύζι

nasi

σαλάτα

salad

πατατάκια

kerepek

τηγανητές πατάτες

kentang goreng

πίτσα

piza

χάμπουργκερ

hamburger

σάντουιτς

sandwic

κοτολέτα

kutlet

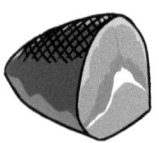

ζαμπόν

ham

σαλάμι

salami

λουκάνικο

sosej

κοτόπουλο

ayam

ψητό

panggang

ψάρι

ikan

χυλός βρώμης

bubur oat

μούσλι

muesli

κορν φλέικς

emping jagung

αλεύρι

tepung

κρουασάν

kroisan

ψωμάκι

roti roll

ψωμί

roti

τοστ

roti bakar

μπισκότα

biskut

βούτυρο

mentega

τυρόπηγμα

dadih

κέικ

kek

αυγό

telur

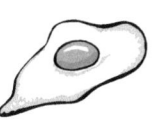

τηγανητό αυγό

telur goreng

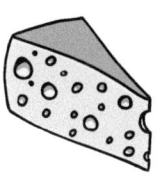

τυρί

keju

παγωτό

ais krim

ζάχαρη

gula

μέλι

madu

μαρμελάδα

jem

άλλειμμα σοκολάτας

krim nougat

κάρυ

kari

αγρόκτημα
ladang

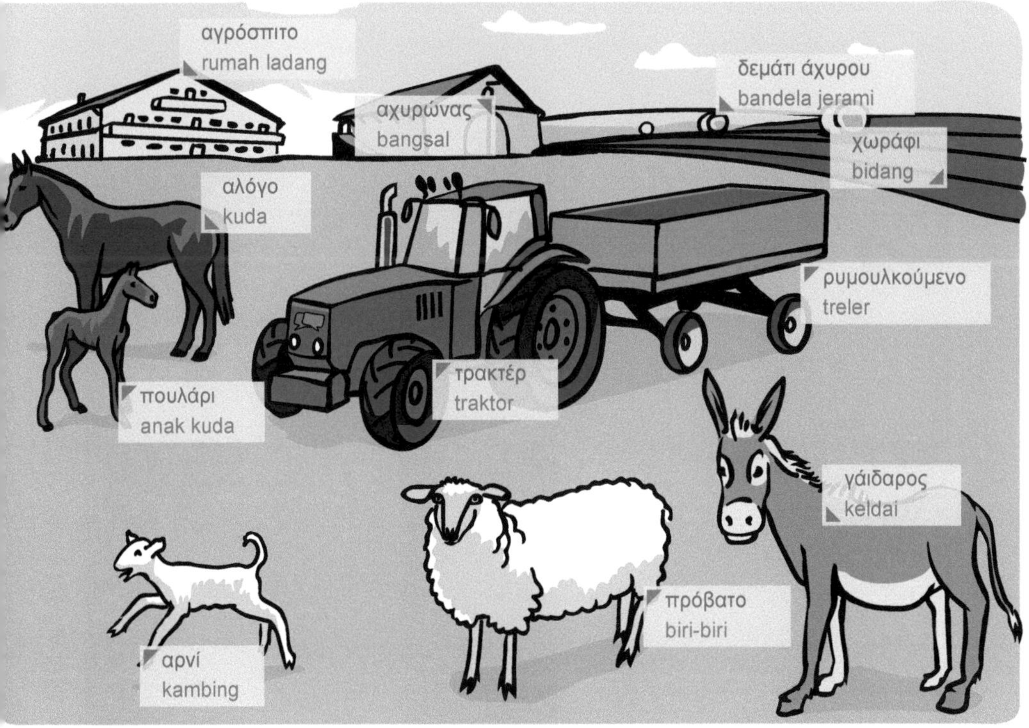
αγρόσπιτο
rumah ladang
αχυρώνας
bangsal
δεμάτι άχυρου
bandela jerami
χωράφι
bidang
αλόγο
kuda
ρυμουλκούμενο
treler
πουλάρι
anak kuda
τρακτέρ
traktor
γάιδαρος
keldai
πρόβατο
biri-biri
αρνί
kambing

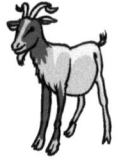

κατσίκα

kambing

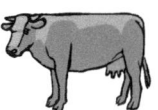

αγελάδα

lembu

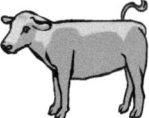

μοσχαράκι

anak lembu

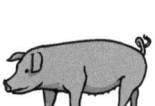

γουρούνι

babi

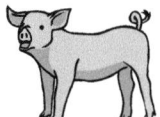

γουρουνάκι

anak babi

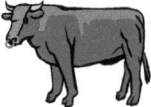

ταύρος

lembu

χήνα

angsa

πάπια

itik

κοτοπουλάκι

anak ayam

κότα

ayam betina

κόκορας

ayam jantan muda

αρουραίος

tikus

γάτα

kucing

ποντίκι

tikus

βόδι

lembu jantan

σκύλος

anjing

σπιτάκι σκύλου

rumah anjing

λάστιχο κήπου

hos taman

ποτιστήρι

bekas siraman

θεριστήρι

sabit

αλέτρι

bajak

δρεπάνι

sabit

τσάπα

cangkul

δίκρανο

serampang peladang

τσεκούρι

kapak

χειράμαξα

kereta sorong

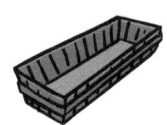

ταΐστρα

palung

δοχείο γάλακτος

tin susu

σάκος

karung

φράχτης

pagar

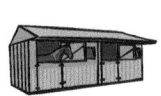

στάβλος

stabil

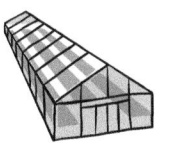

θερμοκήπιο

rumah hijau

έδαφος

tanah

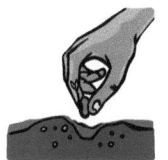

σπόρος

benih

λίπασμα

baja

θεριζοαλωνιστική μηχανή

jentuai

αγρόκτημα - ladang

θερίζω

tuai

συγκομιδή

menuai

γιαμς

keladi

σιτάρι

gandum

σόγια

soya

πατάτα

kentang

καλαμπόκι

jagung

κράμβη

biji sawi

οπωροφόρο δέντρο

pokok buah-buahan

μανιόκα

ubi kayu

δημητριακά

bijirin

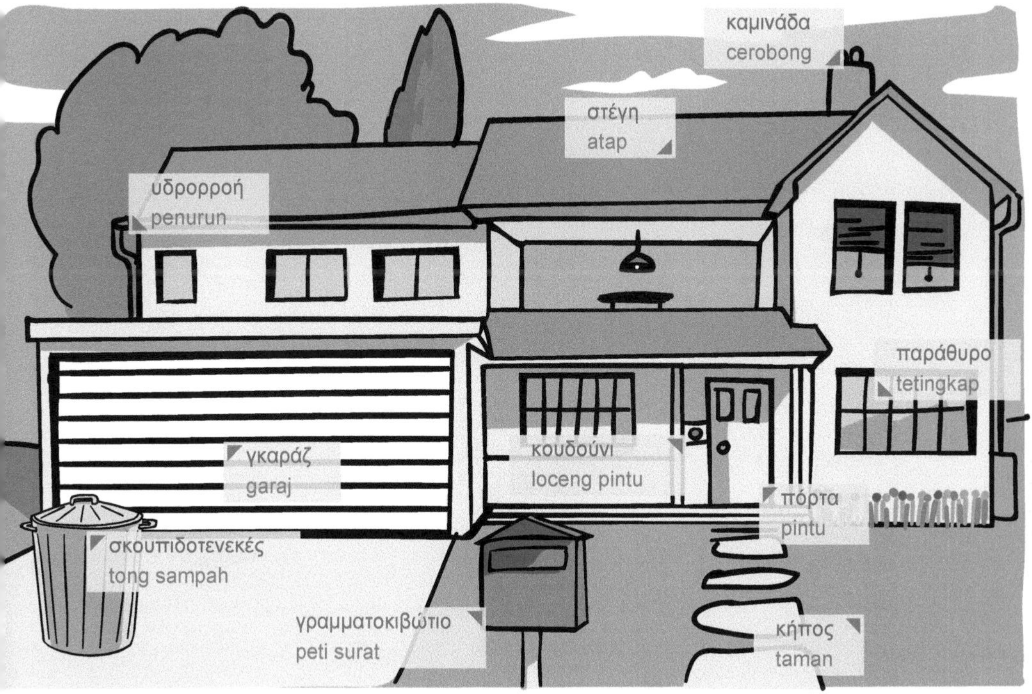

καμινάδα
cerobong

στέγη
atap

υδρορροή
penurun

παράθυρο
tetingkap

γκαράζ
garaj

κουδούνι
loceng pintu

πόρτα
pintu

σκουπιδοτενεκές
tong sampah

γραμματοκιβώτιο
peti surat

κήπος
taman

σαλόνι
ruang tamu

μπάνιο
bilik air

κουζίνα
dapur

υπνοδωμάτιο
bilik tidur

παιδικό δωμάτιο
bilik kanak-kanak

τραπεζαρία
ruang makan

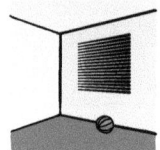

πάτωμα

lantai

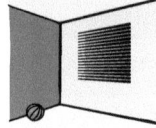

τοίχος

dinding

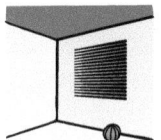

οροφή

siling

κελάρι

bilik bawah tanah

σάουνα

sauna

μπαλκόνι

balkoni

βεράντα

teres

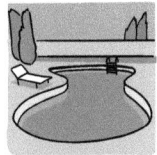

πισίνα

kolam renang

μηχανή του γκαζόν

pemotong rumput

σεντόνι

lembaran

κάλυμμα κρεβατιού

penutup tilam

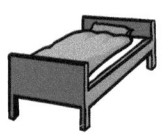

κρεβάτι

katil

σκούπα

penyapu

κουβάς

timba

διακόπτης

suis

σαλόνι
ruang tamu

ταπετσαρία
kertas dinding
φωτογραφία
gambar
λάμπα
lampu
ράφι
rak
ντουλάπι
kabinet
τηλεόραση
televisyen
τζάκι
pendiangan
λουλούδι
bunga
μαξιλάρι
kusyen
καναπές
sofa
βάζο
pasu
τηλεκοντρόλ
alat kawalan jauh

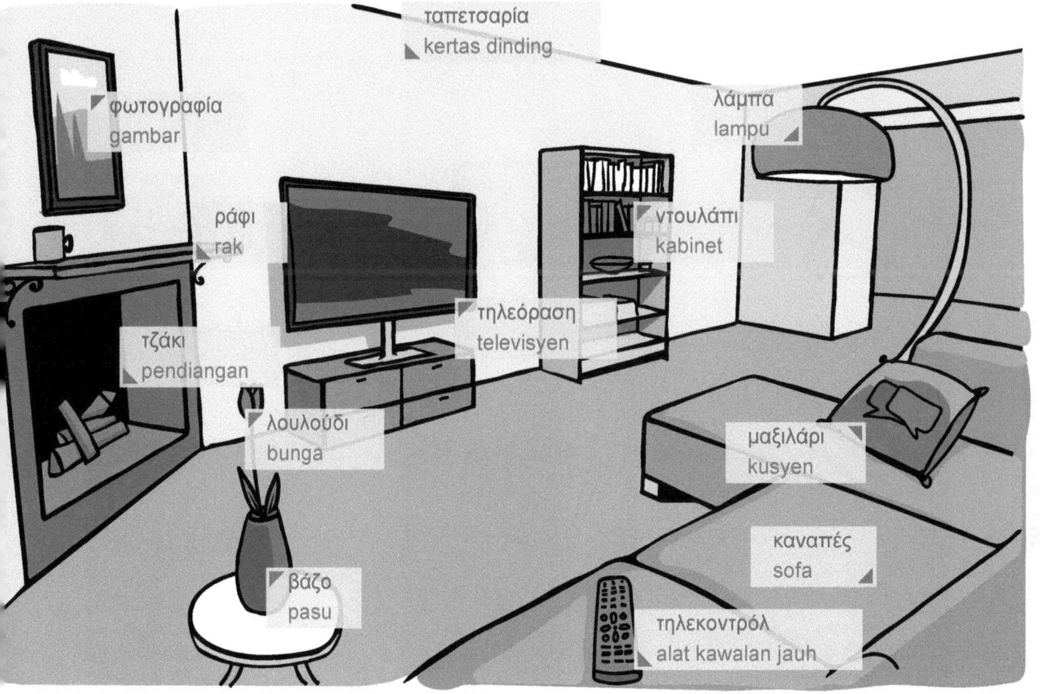

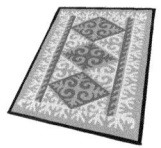

χαλί
permaidani

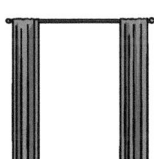

κουρτίνα
tirai

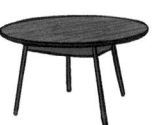

τραπέζι
meja

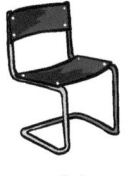

καρέκλα
kerusi

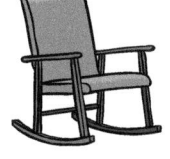

κουνιστή πολυθρόνα
kerusi malas

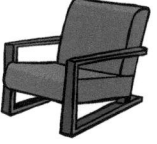

πολυθρόνα
kerusi

βιβλίο

buku

κουβέρτα

selimut

διακόσμηση

hiasan

καυσόξυλα

kayu api

ταινία

filem

στερεοφωνικό σύστημα

hi-fi

κλειδί

kunci

εφημερίδα

akhbar

πίνακας ζωγραφικής

lukisan

αφίσα

poster

ραδιόφωνο

radio

σημειωματάριο

buku catatan

ηλεκτρική σκούπα

penyedut habuk

κάκτος

kaktus

κερί

lilin

κουζίνα
dapur

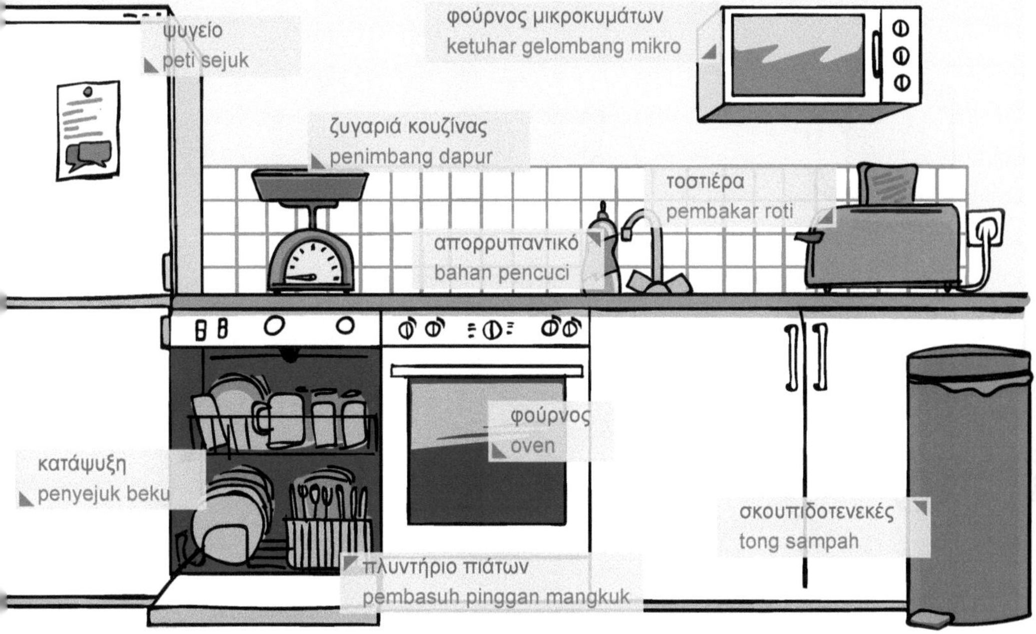

ψυγείο
peti sejuk
φούρνος μικροκυμάτων
ketuhar gelombang mikro
ζυγαριά κουζίνας
penimbang dapur
τοστιέρα
pembakar roti
απορρυπαντικό
bahan pencuci
φούρνος
oven
κατάψυξη
penyejuk beku
σκουπιδοτενεκές
tong sampah
πλυντήριο πιάτων
pembasuh pinggan mangkuk

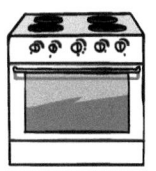

κουζίνα

periuk dapur

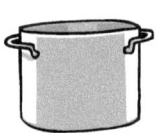

κατσαρόλα

periuk

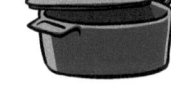

μαντεμένια κατσαρόλα

periuk besi

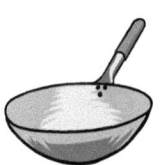

γουόκ/καντάι

kuali

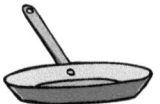

τηγάνι

pan

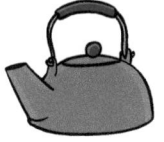

βραστήρας

cerek

ατμομάγειρας

pengukus

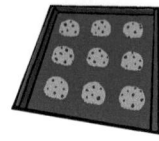

ταψί

dulang pembakar

πιατικά

pinggan mangkuk

κούπα

koleh

μπολ

mangkuk

ξυλάκια

penyepit

κουτάλα

senduk

σπάτουλα

spatula

ανακατεύω

pengadun

σουρωτήρι

penapis

σουρωτηράκι

ayak

τρίφτης

pemarut

γουδί

mortar

ψησταριά

barbeku

ανοιχτή φωτιά

pembakaran terbuka

σανίδα κοπής

papan pencincang

πλάστης

pin golekan

ανοιχτήρι φελλών

skru gabus

κονσέρβα

tin

ανοιχτήρι κονσέρβας

pembuka tin

γάντι φούρνου

pemegang periuk

νεροχύτης

sinki

βούρτσα

berus

σφουγγάρι

span

μπλέντερ

pengisar

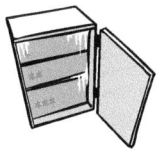

καταψύκτης

penyejuk beku

μπιμπερό

botol bayi

βρύση

paip

μπάνιο
bilik air

θέρμανση
pemanasan
πετσέτα
tuala
ντους
mandi
κουρτίνα ντουζ
tirai mandi
αφρόλουτρο
mandi buih
μπανιέρα
tab mandi
ποτήρι
gelas
πλυντήριο ρούχων
mesin basuh
βρύση
paip
πλακάκια
jubin
γιογιό
tandas
νεροχύτης
sinki

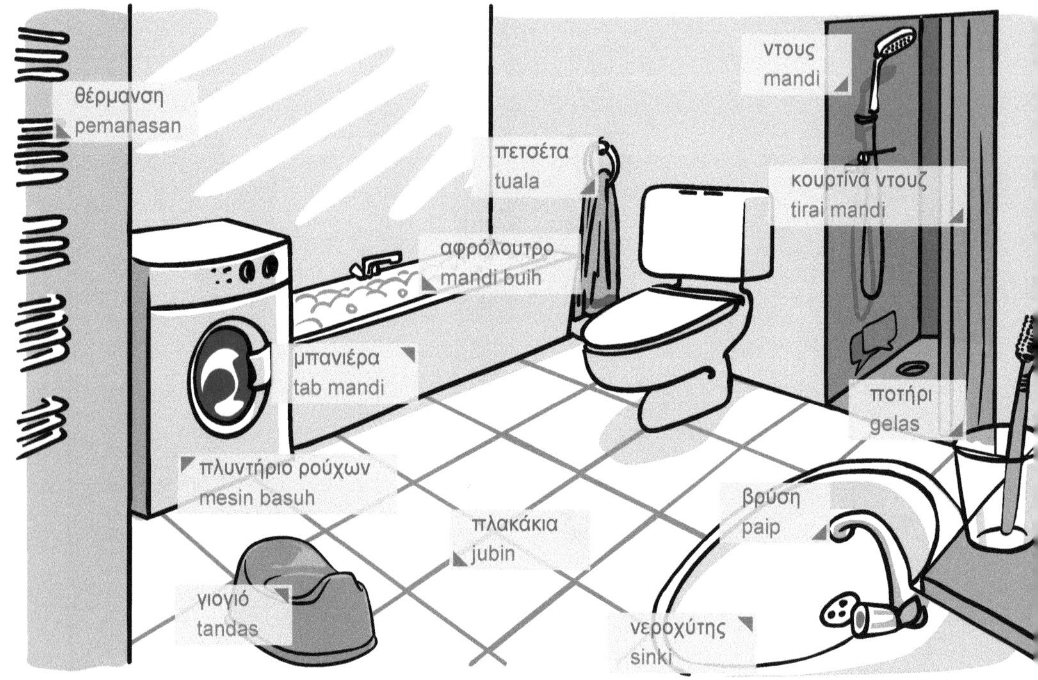

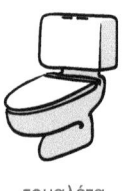

τουαλέτα
tandas

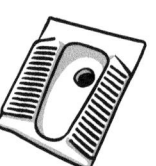

τούρκικη τουαλέτα
tandas mencangkung

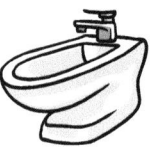

μπιντές
mangkuk tandas

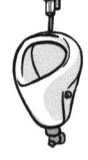

ουρητήριο
tandas awam

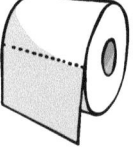

χαρτί υγείας
kertas tandas

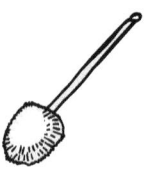

πιγκάλ
berus tandas

οδοντόβουρτσα

berus gigi

οδοντόκρεμα

ubat gigi

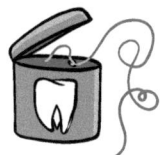

οδοντικό νήμα

flos gigi

πλένω

cuci

τηλέφωνο ντους

mandian tangan

ντουσιέρα

pancuran

λεκάνη

besen

βούρτσα πλάτης

belakang berus

σαπούνι

sabun

αφρόλουτρο

gel mandian

σαμπουάν

syampu

φανέλα

flanel

σιφόνι

longkang

κρέμα

krim

αποσμητικό

deodoran

καθρέφτης

cermin

καθρέφτης χειρός

cermin tangan

ξυραφάκι

pisau cukur

αφρός ξυρίσματος

busa cukur

αφτερσέιβ

selepas cukur

χτένα

sikat

βούρτσα

berus

σεσουάρ

pengering rambut

λακ

semburan rambut

μακιγιάζ

mekap

κραγιόν

gincu

βερνίκι νυχιών

varnis kuku

βαμβάκι

bulu kapas

ψαλίδι νυχιών

gunting kuku

άρωμα

pewangi

νεσεσέρ

beg basuhan

σκαμπό

bangku

ζυγαριά

skala berat

μπουρνούζι

jubah mandi

ελαστικά γάντια

sarung tangan getah

ταμπόν

kapas

πετσέτα υγιεινής

tuala wanita

χημική τουαλέτα

tandas kimia

παιδικό δωμάτιο
bilik kanak-kanak

ξυπνητήρι
jam loceng
λούτρινο ζωάκι
mainan kegemaran
αυτοκινητάκι
kereta mainan
κουδουνίστρα
kerincing bayi
κουκλόσπιτο
rumah anak patung
δώρο
hadiah

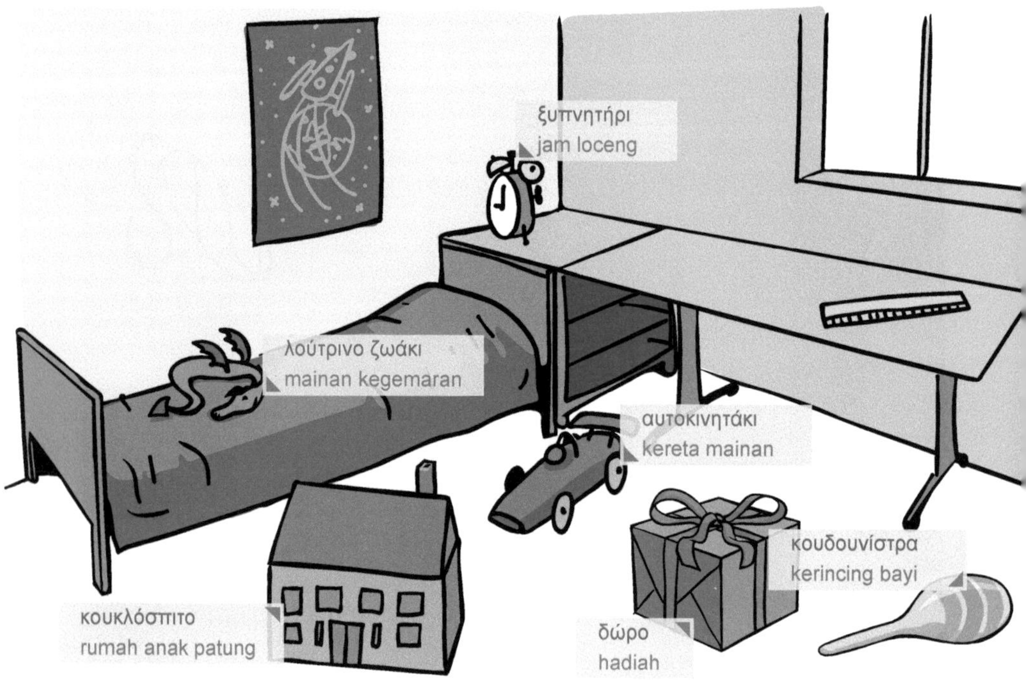

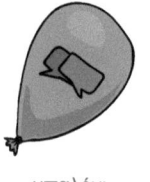

μπαλόνι

belon

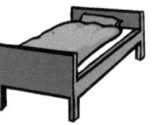

κρεβάτι

katil

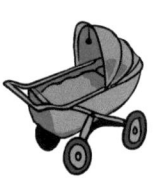

καροτσάκι

kereta sorong bayi

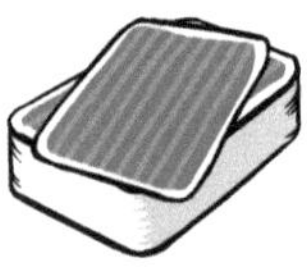

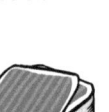

τράπουλα

set kad

παζλ

susun suai gambar

SUPER
MEGA

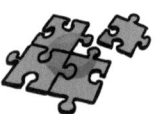

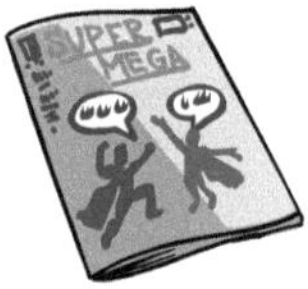

κόμικς

komik

τουβλάκια lego

batu bata lego

τουβλάκια κατασκευών

blok mainan

φιγούρα δράσης

figura aksi

βρεφικό φορμάκι

baju bayi

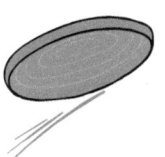

φρίσμπι

frisbee

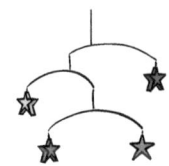

μόμπιλο

mainan bayi mudah alih

επιτραπέζιο παιχνίδι

permainan papan

ζάρια

dadu

σετ τρενάκι

set model kereta api

πιπίλα

palsu

πάρτι

parti

εικονογραφημένο βιβλίο

buku bergambar

μπάλα

bola

κούκλα

anak patung

παίζω

main

σκάμμα με άμμο

lubang pasir

κούνια

buai

παιχνίδια

mainan

κονσόλα βιντεοπαιχνιδιών

konsol permainan video

τρίκυκλο

basikal roda tiga

αρκουδάκι

anak patung beruang

ντουλάπα

almari pakaian

ρούχα

pakaian

κάλτσες

stoking

καλτσοδέτες

stoking

καλσόν

ketat

κασκόλ
skarf

ομπρέλα
payung

/keselamatan

μπλουζάκι
kemeja-t

μπότες
but

παντόφλες
selipar

αθλητικά παπούτσια
kasut sukan

σανδάλια
sandal

παπούτσια
kasut

γαλότσες
but getah

εσώρουχο
seluar dalam

σουτιέν
coli

φανέλα
ves

σώμα

badan

παντελόνι

Seluar panjang

τζιν παντελόνι

jean

φούστα

skirt

μπλούζα

blaus

πουκάμισο

kemeja

πουλόβερ

baju panas sarung

πουλόβερ

sweater

σακάκι

blazer

μπουφάν

jaket

παλτό

kot

αδιάβροχο πανωφόρι

baju hujan

κοστούμι

kostum

φόρεμα

pakaian

νυφικό

baju pengantin

κοστούμι

sut

νυχτικό

baju tidur

πιτζάμες

baju tidur

σάρι

sari

μαντήλι

skarf kepala

τουρμπάνι

serban

μπούρκα

burqa

καφτάνι

kaftan

μουσουλμανικό ένδυμα

abaya/jubah

ολόσωμο μαγιό

baju renang

ανδρικό μαγιό

seluar renang

σορτς

seluar pendek

αθλητική φόρμα

sut balapan

ποδιά

apron

γάντια

sarung tangan

κουμπί

butang

γυαλιά

cermin mata

βραχιόλι

gelang tangan

περιδέραιο

rantai leher

δαχτυλίδι

cincin

σκουλαρίκι

subang

καπέλο

topi

κρεμάστρα

penyangkut kot

καπέλο

topi

γραβάτα

tali leher

φερμουάρ

zip

κράνος

topi keledar

τιράντες

pendakap

μαθητική στολή

uniform sekolah

στολή

seragam

σαλιάρα

lapik dada

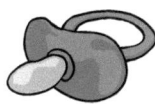

πιπίλα

palsu

πάνα

lampin

γραφείο
pejabat

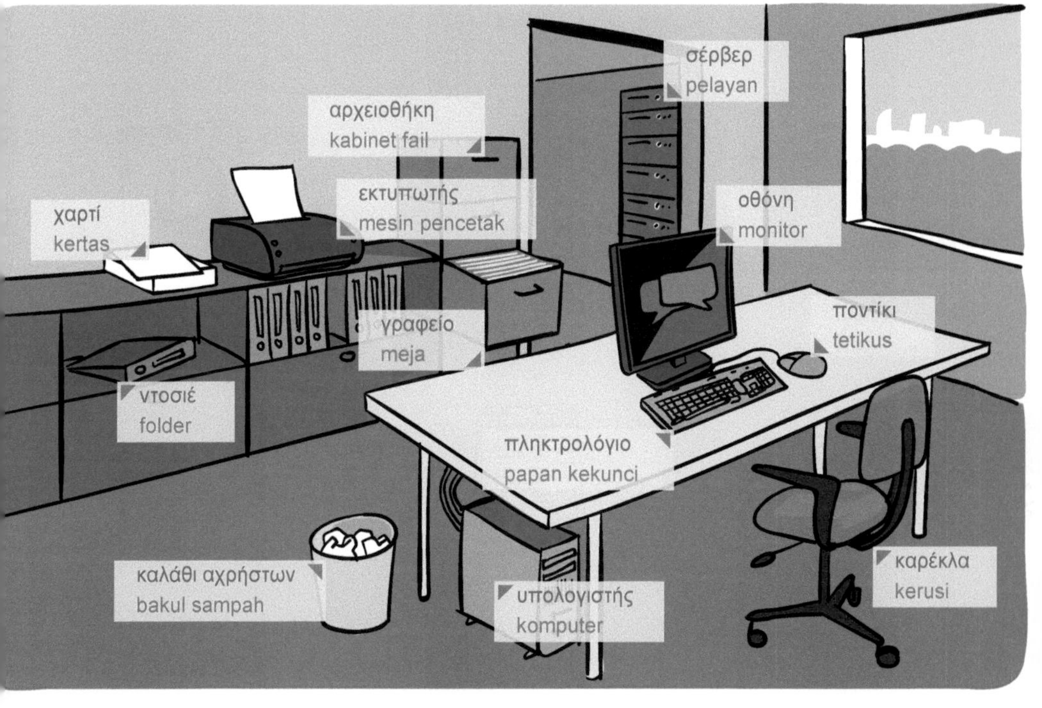

σέρβερ
pelayan

αρχειοθήκη
kabinet fail

εκτυπωτής
mesin pencetak

οθόνη
monitor

χαρτί
kertas

γραφείο
meja

ποντίκι
tetikus

ντοσιέ
folder

πληκτρολόγιο
papan kekunci

καλάθι αχρήστων
bakul sampah

υπολογιστής
komputer

καρέκλα
kerusi

κούπα του καφέ

cawan kopi

κομπιουτεράκι

kalkulator

ίντερνετ

internet

λάπτοπ

komputer riba

γράμμα

surat

μήνυμα

mesej

κινητό

mudah alih

δίκτυο

rangkaian

φωτοτυπικό μηχάνημα

mesin fotokopi

λογισμικό

perisian

τηλέφωνο

telefon

πρίζα

soket plag

συσκευή φαξ

mesin faks

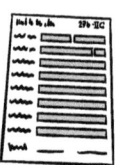

έντυπο

bentuk

έγγραφο

dokumen

αγοράζω

beli

πληρώνω

bayar

συναλλάσσομαι

berdagang

χρήματα

wang

δολάριο

dolar

ευρώ

euro

γιεν

yen

ρούβλι

rubel

ελβετικό φράγκο

franc swiss

ρενμίνμπι γιουάν

renminbi yuan

ρουπία

rupee

ΑΤΜ (αυτόματη ταμειακή μηχανή)

mata tunai

ανταλλακτήρια
συναλλάγματος

pejabat tukaran mata wang

χρυσός

emas

ασήμι

perak

πετρέλαιο

minyak

ενέργεια

tenaga

τιμή

harga

συμβόλαιο

kontrak

φόρος

cukai

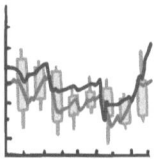

μετοχή

stok

δουλεύω

kerja

υπάλληλος

pekerja

εργοδότης

majikan

εργοστάσιο

kilang

κατάστημα

kedai

επαγγέλματα
pekerjaan

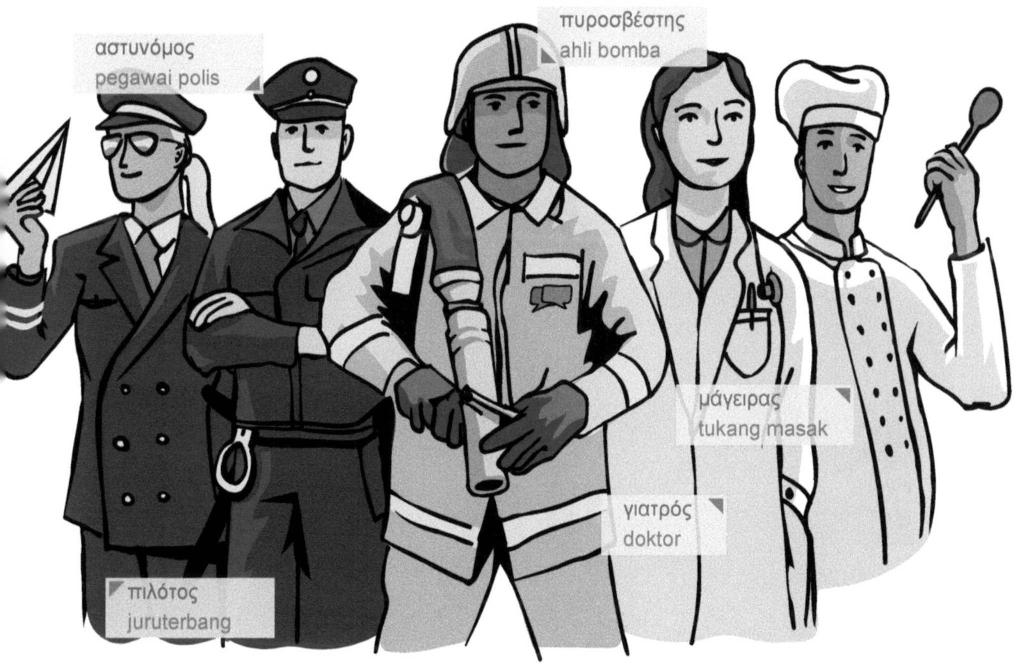

αστυνόμος
pegawai polis
πυροσβέστης
ahli bomba
μάγειρας
tukang masak
γιατρός
doktor
πιλότος
juruterbang

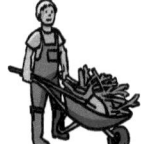

κηπουρός

tukang kebun

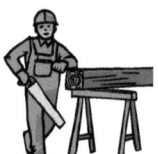

ξυλουργός

tukang kayu

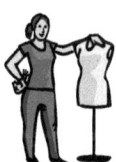

μοδίστρα

tukang jahit

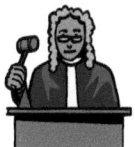

δικαστής

hakim

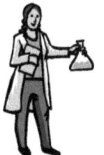

χημικός

ahli kimia

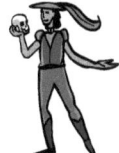

ηθοποιός

pelakon

οδηγός λεωφορείου

pemandu bas

ταξιτζής

pemandu teksi

ψαράς

nelayan

καθαρίστρια

wanita pencuci

τεχνίτης στεγών

kasau

σερβιτόρος

pelayan

κυνηγός

pemburu

ζωγράφος

pelukis

αρτοποιός

bakeri

ηλεκτρολόγος

juruelektrik

οικοδόμος

pembangun

μηχανολόγος

jurutera

κρεοπώλης

penjual daging

υδραυλικός

tukang paip

ταχυδρόμος

posmen

στρατιώτης
askar

αρχιτέκτονας
arkitek

ταμίας
juruwang

ανθοπώλης
kedai bunga

κομμωτής
pendandan rambut

ελεγκτής εισιτηρίων
konduktor

μηχανικός
mekanik

καπετάνιος
kapten

οδοντίατρος
doktor gigi

επιστήμονας
ahli sains

ραβίνος
tuhanku

ιμάμης
imam

μοναχός
sami

ιερέας
paderi

εργαλεία
alat

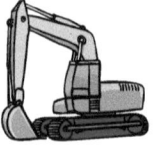

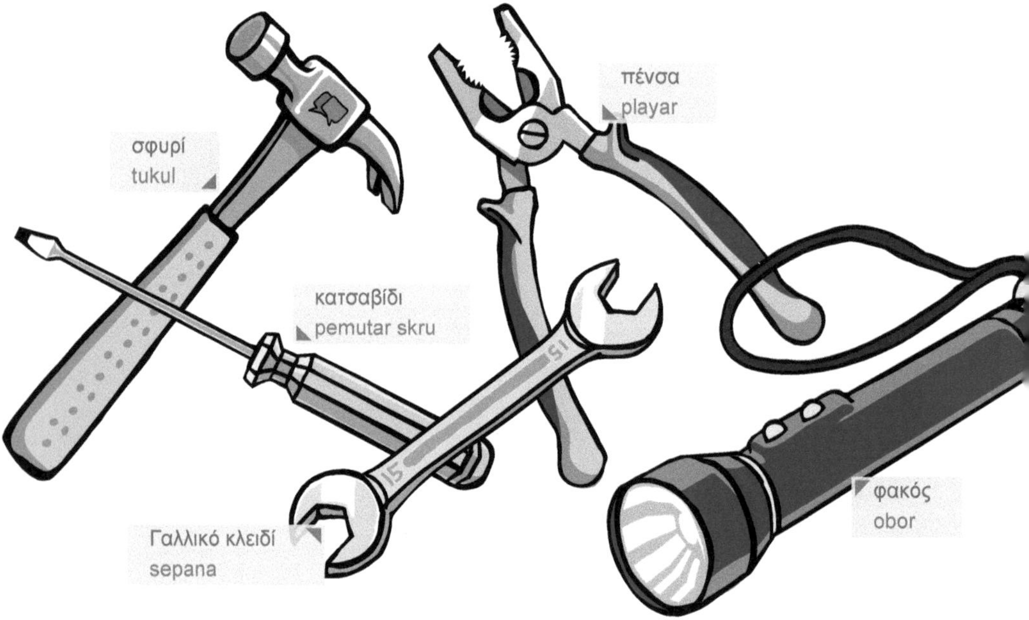
σφυρί
tukul
πένσα
playar
κατσαβίδι
pemutar skru
Γαλλικό κλειδί
sepana
φακός
obor

εκσκαφέας

pengorek

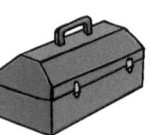

εργαλειοθήκη

kotak peralatan

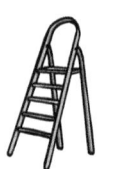

σκάλα

tangga

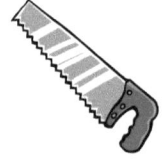

πριόνι

gergaji

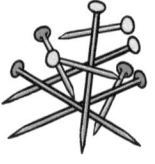

καρφιά

kuku

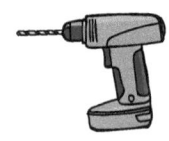

τρυπάνι

gerudi

επισκευάζω

baiki

φτυάρι

penyodok

Να πάρει!

Celaka!

φαράσι

penadah sampah

δοχείο χρωμάτων

periuk cat

βίδες

skru

μουσικά όργανα
alat muzik

μεγάφωνο
pembesar suara

ντραμς
perangkat dram

κοντραμπάσο
bass berganda

τρομπέτα
trompet

κιθάρα
gitar

πιάνο

piano

βιολί

biola

μπάσο

bass

τύμπανα

timpani

τύμπανο

dram

πλήκτρα

papan kekunci

σαξόφωνο

saksofon

φλάουτο

seruling

μικρόφωνο

mikrofon

ζωολογικός κήπος

zoo

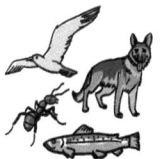

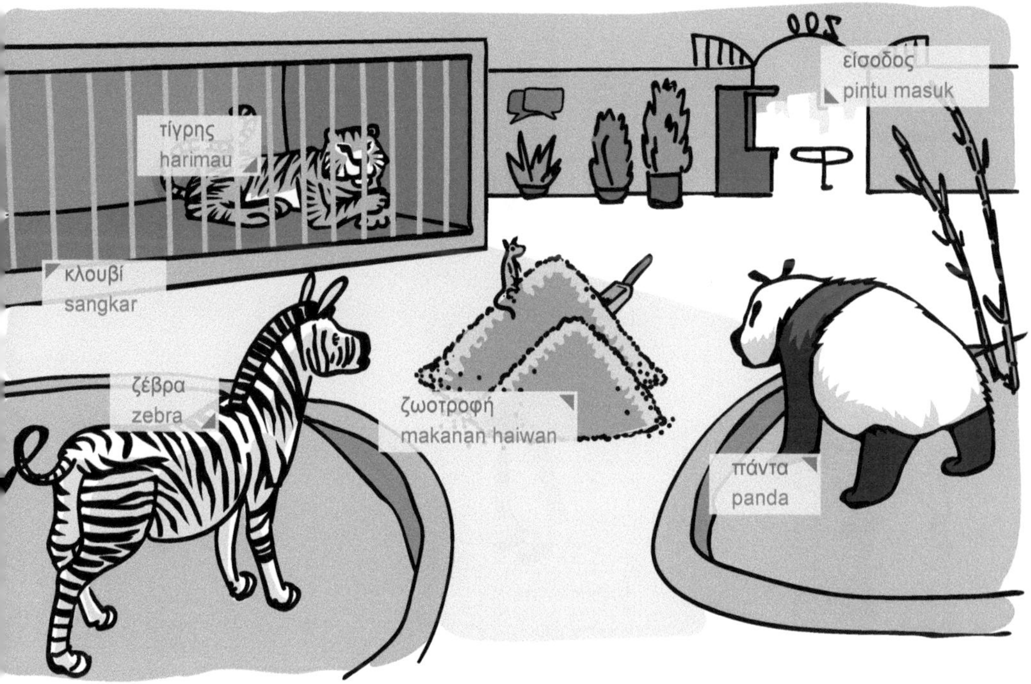

zoo
είσοδος
pintu masuk
τίγρης
harimau
κλουβί
sangkar
ζέβρα
zebra
ζωοτροφή
makanan haiwan
πάντα
panda

ζώα

haiwan

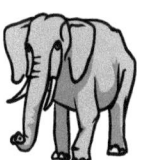

ελέφαντας

gajah

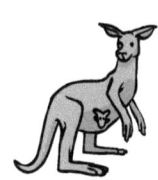

καγκουρό

kanggaru

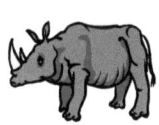

ρινόκερος

badak sumbu

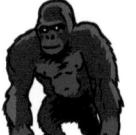

γορίλας

gorila

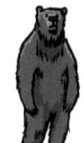

αρκούδα

beruang

καμήλα

unta

στρουθοκάμηλος

burung unta

λιοντάρι

singa

πίθηκος

monyet

φλαμίνγκο

flamingo

παπαγάλος

nuri

πολική αρκούδα

beruang kutub

πιγκουίνος

penguin

καρχαρίας

yu

παγώνι

merak

φίδι

ular

κροκόδειλος

buaya

φύλακας ζωολογικού κήπου

penjaga zoo

φώκια

anjing laut

τζάγκουαρ

jaguar

πόνυ

kuda

λεοπάρδαλη

harimau

ιπποπόταμος

badak air

καμηλοπάρδαλη

zirafah

αετός

helang

αγριογούρουνο

babi jantan

ψάρι

ikan

χελώνα

penyu

θαλάσσιος ίππος

anjing laut

αλεπού

musang

γαζέλα

rusa

Αμερικάνικο ποδόσφαιρο
bola sepak Amerika

ποδηλασία
berbasikal

αντισφαίριση
tenis

μπάσκετ
bola keranjang

κολύμβηση
renang

χôκεϋ επί πάγου
hoki ais

πυγχαμία
tinju

ποδόσφαιρο
bola sepak

μπάντμιντον
badminton

στίβος
olahraga

χάντμπολ
bola baling

σκι
ski

πόλο
polo

γελάω
ketawa

πηδάω
lompat

αγκαλιάζω
peluk

περπατάω
berjalan

τραγουδάω
menyanyi

ονειρεύομαι
mimpi

προσεύχομαι
berdoa

φιλάω
cium

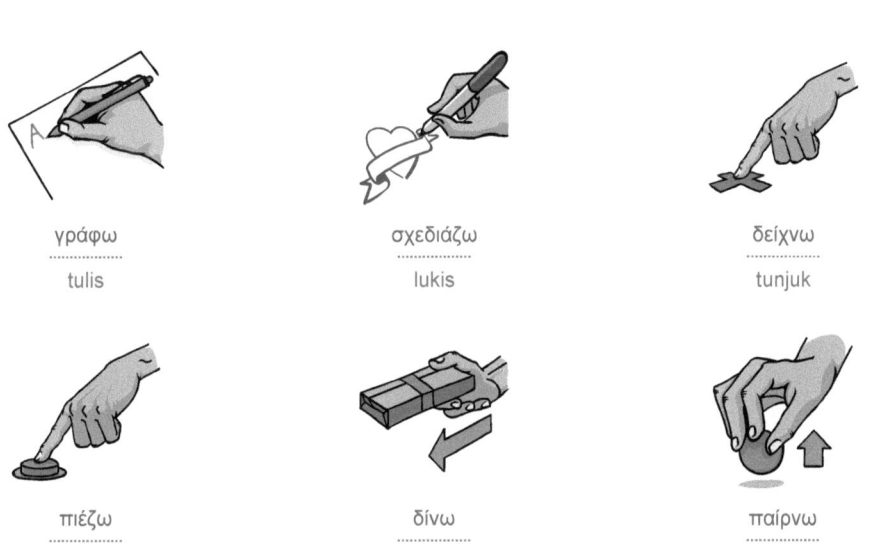

γράφω
tulis

σχεδιάζω
lukis

δείχνω
tunjuk

πιέζω
tolak

δίνω
beri

παίρνω
ambil

έχω

ada

κάνω

buat

είμαι

ialah

στέκομαι

berdiri

τρέχω

lari

τραβάω

tarik

ρίχνω

buang

πέφτω

jatuh

ξαπλώνω

tipu

περιμένω

tunggu

κουβαλώ

bawa

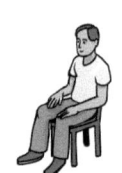

κάθομαι

duduk

φοράω

pakai

κοιμάμαι

tidur

ξυπνάω

bangkit

κοιτάω

lihat pada

κλαίω

menangis

χαϊδεύω

strok

χτενίζω

sikat

μιλάω

cakap

καταλαβαίνω

faham

ρωτάω

tanya

ακούω

dengar

πίνω

minum

τρώω

makan

συγυρίζω

mengemas

αγαπάω

sayang

μαγειρεύω

masak

οδηγώ

pandu

πετάω

terbang

κάνω ιστιοπλοΐα

belayar

υπολογίζω

kira

διαβάζω

baca

μαθαίνω

belajar

δουλεύω

kerja

παντρεύομαι

nikah

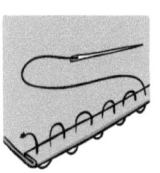

ράβω

jahit

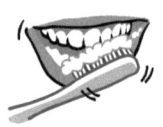

βουρτσίζω τα δόντια

memberus gigi

σκοτώνω

bunuh

καπνίζω

asap

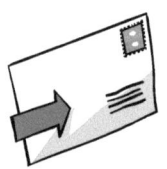

στέλνω

hantar

οικογένεια
keluarga

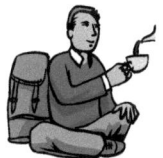

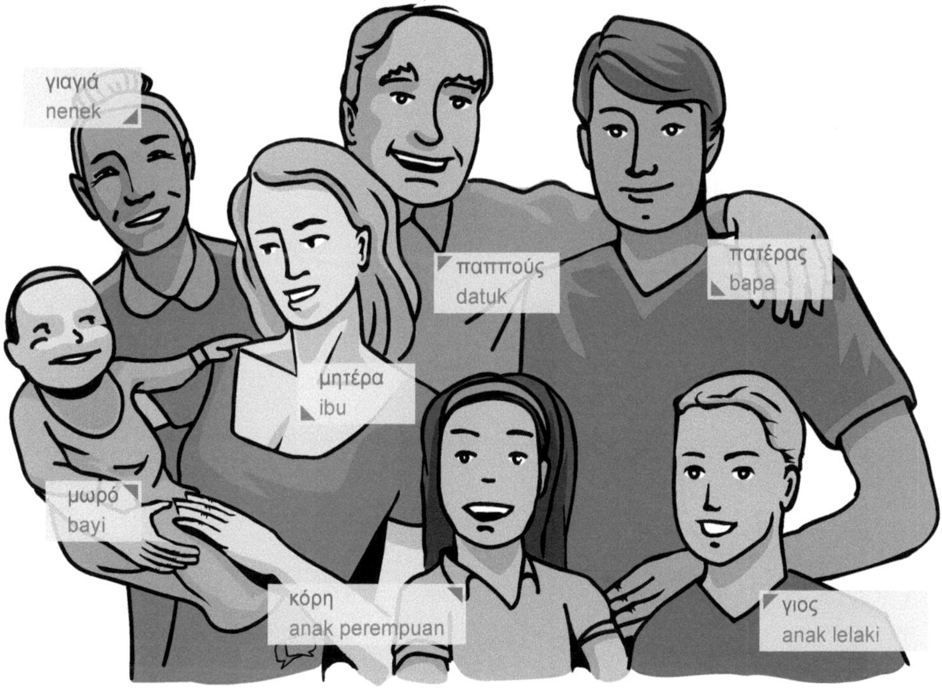
γιαγιά
nenek
παππούς
datuk
πατέρας
bapa
μητέρα
ibu
μωρό
bayi
κόρη
anak perempuan
γιος
anak lelaki

καλεσμένος

tetamu

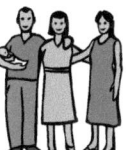

θεία

mak cik

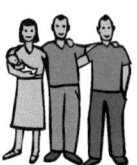

θείος

pak cik

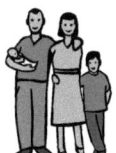

αδελφός

abang

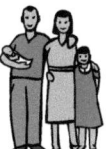

αδελφή

kakak

σώμα
badan

μέτωπο
dahi
μάτι
mata
ώμος
bahu
δάχτυλο
jari
πρόσωπο
muka
πιγούνι
dagu
χέρι
tangan
πόδι
kaki
στήθος
dada
βραχίονας
lengan

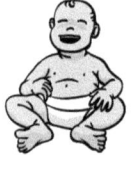

μωρό

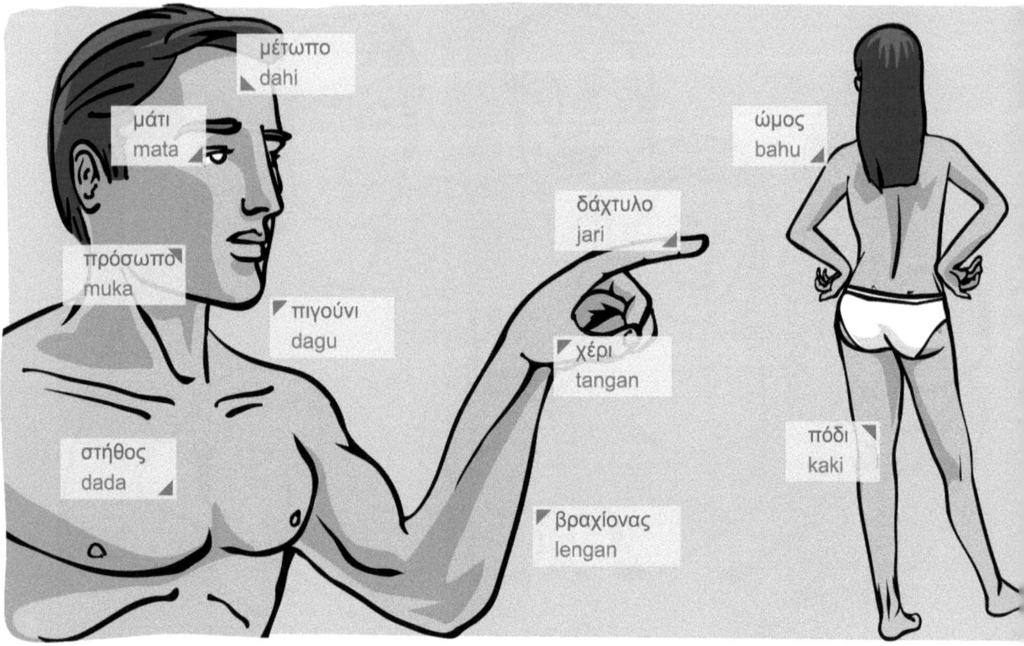

bayi

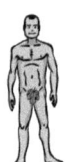

άνδρας

lelaki

γυναίκα

wanita

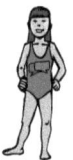

κορίτσι

perempuan

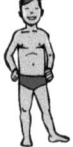

αγόρι

lelaki

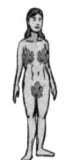

κεφάλι

kepala

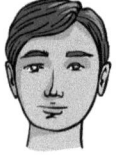

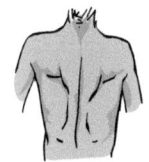

πλάτη
belakang

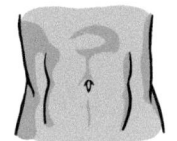

κοιλιά
bawah perut

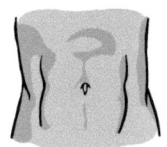

αφαλός
pusat

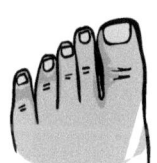

δάχτυλο ποδιού
jari kaki

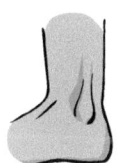

φτέρνα
tumit

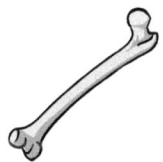

κόκκαλο
tulang

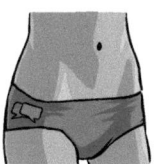

γοφός
pinggul

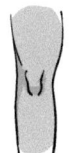

γόνατο
lutut

αγκώνας
siku

μύτη
hidung

γλουτός
bawah

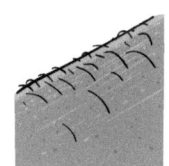

δέρμα
kulit

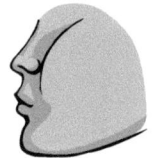

μάγουλο
pipi

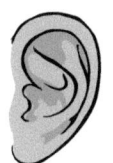

αυτί
telinga

χείλος
bibir

στόμα

mulut

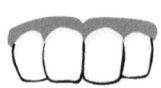

δόντι

gigi

γλώσσα

lidah

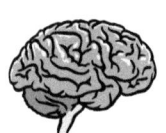

εγκέφαλος

otak

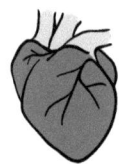

καρδιά

hati

μυς

otot

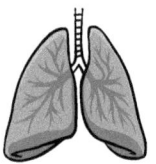

πνεύμονας

paru-paru

συκώτι

hati

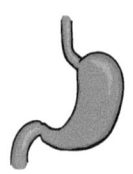

στομάχι

perut

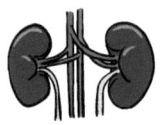

νεφρά

buah pinggang

σεξουαλική επαφή

seks

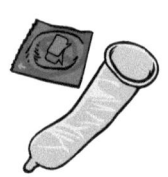

προφυλακτικό

kondom

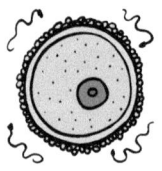

ωάριο

faraj

σπέρμα

mani

εγκυμοσύνη

mengandung

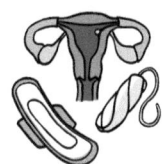

περίοδος

haid

γυναικείος κόλπος

faraj

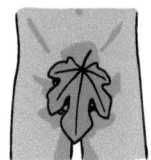

πέος

penis

φρύδι

kening

μαλλιά

rambut

λαιμός

leher

σώμα - badan

νοσοκομείο
hospital

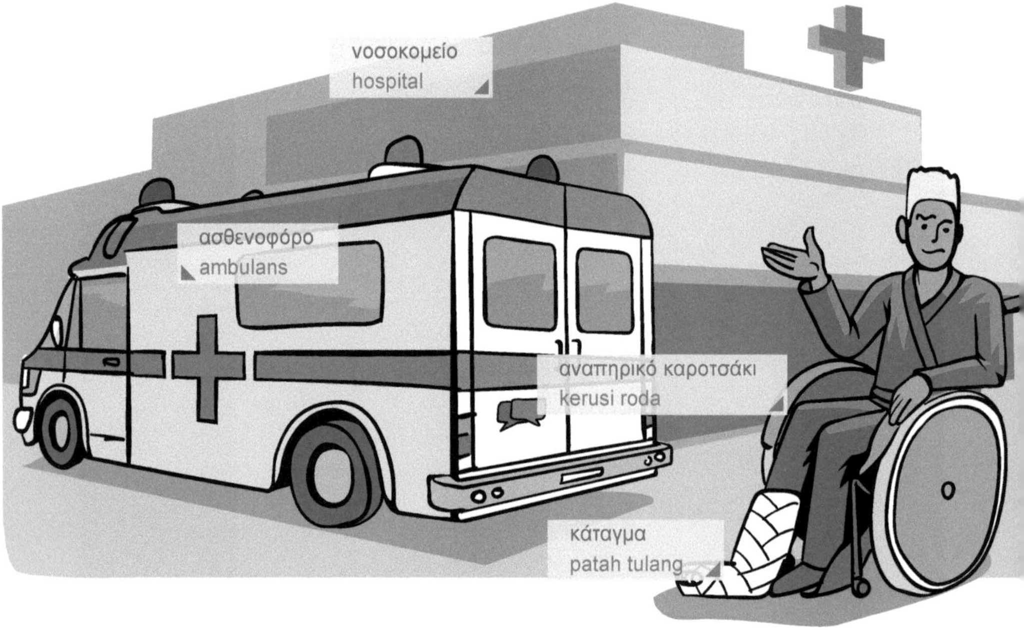

νοσοκομείο
hospital
ασθενοφόρο
ambulans
αναπηρικό καροτσάκι
kerusi roda
κάταγμα
patah tulang

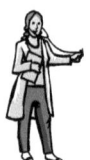

γιατρός

doktor

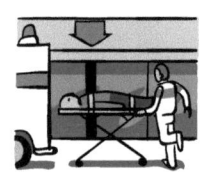

μονάδα εντατικής θεραπείας

bilik kecemasan

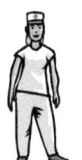

νοσοκόμα

jururawat

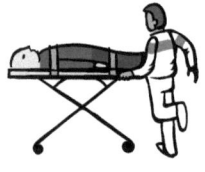

έκτακτη ανάγκη

kecemasan

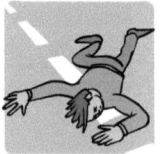

λιπόθυμος

tak sedar

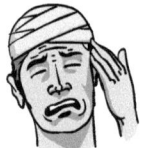

πόνος

sakit

τραύμα

kecederaan

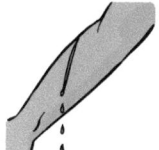

αιμορραγία

pendarahan

έμφραγμα

serangan jantung

εγκεφαλικό

strok

αλλεργία

alergi

βήχας

batuk

πυρετός

demam

γρίπη

selesema

διάρροια

cirit-birit

πονοκέφαλος

sakit kepala

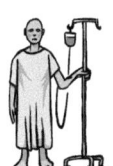

καρκίνος

kanser

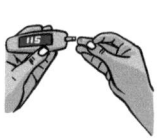

διαβήτης

diabetes

χειρουργός

pakar bedah

νυστέρι

pisau bedah

εγχείρηση

pembedahan

αξονική τομογραφία

CT

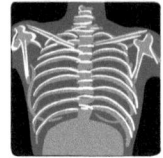

ακτινογραφία

x-ray

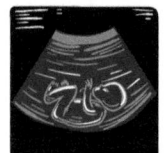

υπέρηχος

ultrabunyi

μάσκα

topeng muka

ασθένεια

penyakit

αίθουσα αναμονής

bilik menunggu

πατερίτσα

penongkat

χάνσαπλαστ

plaster

επίδεσμος

pembalut

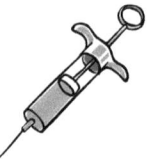

ένεση

suntikan

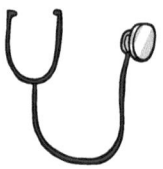

στηθοσκόπιο

stetoskop

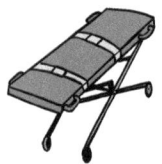

φορείο

pengusung

θερμόμετρο

termometer klinik

γέννηση

kelahiran

υπέρβαρο

berat badan berlebihan

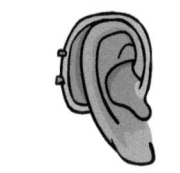

ακουστικό βαρηκοΐας

alat pendengaran

αντισηπτικό

disinfektan

λοίμωξη

jangkitan

ιός

virus

HIV/AIDS

HIV / AIDS

φάρμακο

perubatan

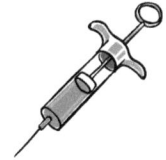

εμβολιασμός

vaksinasi

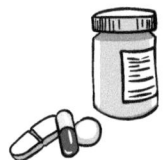

δισκία

tablet

χάπι

pil

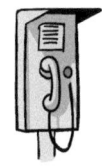

κλήση έκτακτης ανάγκης

panggilan kecemasan

πιεσόμετρο αίματος

pantau tekanan darah

άρρωστος / υγιής

sakit / sihat

Βοήθεια!
Tolong!

συναγερμός
penggera

βιαιοπραγία
serang

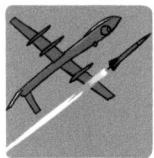

επίθεση
serangan

κίνδυνος
bahaya

έξοδος κινδύνου
pintu kecemasan

Φωτιά!
Api!

πυροσβεστήρας
alat pemadam api

ατύχημα
kemalangan

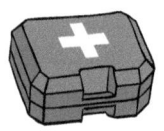

κουτί πρώτων βοηθειών
alat pertolongan cemas

SOS
SOS

αστυνομία
polis

Ευρώπη

Eropah

Βόρεια Αμερική

Amerika Utara

Νότια Αμερική

Amerika Selatan

Αφρική

Afrika

Ασία

Asia

Αυστραλία

Australia

Ατλαντικός Ωκεανός

Atlantic

Ειρηνικός Ωκεανός

Pasifik

Ινδικός Ωκεανός

Lautan Hindi

Ανταρκτικός Ωκεανός

Lautan Antartik

Αρκτικός Ωκεανός

Lautan Artik

Βόρειος Πόλος

Kutub utara

Νότιος Πόλος

Kutub Selatan

Ανταρκτική

Antartika

Γη

bumi

γη

tanah

θάλασσα

laut

νησί

pulau

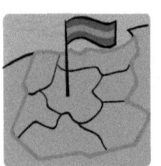

έθνος

negara

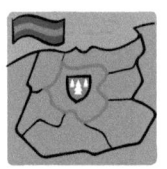

πολιτεία

negeri

καντράν ρολογιού

muka jam

ωροδείκτης

tangan jam

λεπτοδείκτης

tangan minit

δείκτης δευτερολέπτων

terpakai

Τι ώρα είναι;

Jam berapa sekarang

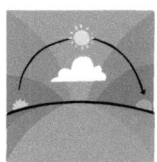

ημέρα

hari

χρόνος

masa

τώρα

sekarang

ψηφιακό ρολόι

jam digital

λεπτό

minit

ώρα

jam

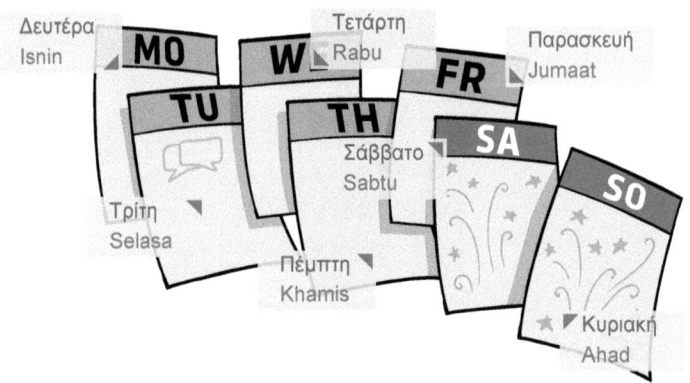

χθες

semalam

σήμερα

hari ini

αύριο

esok

πρωί

pagi

μεσημέρι

tengah hari

βράδυ

petang

MO	TU	WE	TH	FR	SA	SU
1	2	3	4	5	6	7
8	9	10	11	12	13	14
15	16	17	18	19	20	21
22	23	24	25	26	27	28
29	30	31	1	2	3	4

εργάσιμες ημέρες

hari kerja

MO	TU	WE	TH	FR	SA	SU
1	2	3	4	5	6	7
8	9	10	11	12	13	14
15	16	17	18	19	20	21
22	23	24	25	26	27	28
29	30	31	1	2	3	4

Σαββατοκύριακο

hari minggu

βροχή
hujan

ουράνιο τόξο
pelangi

χιόνι
salji

άνεμος
angin

άνοιξη
musim bunga

φθινόπωρο
musim luruh

καλοκαίρι
musim panas

χειμώνας
musim salji

4.APRIL	11°	☀
5.APRIL	4°	☔
6.APRIL	13°	☔
7.APRIL	8°	❄
8.APRIL	10°	❄

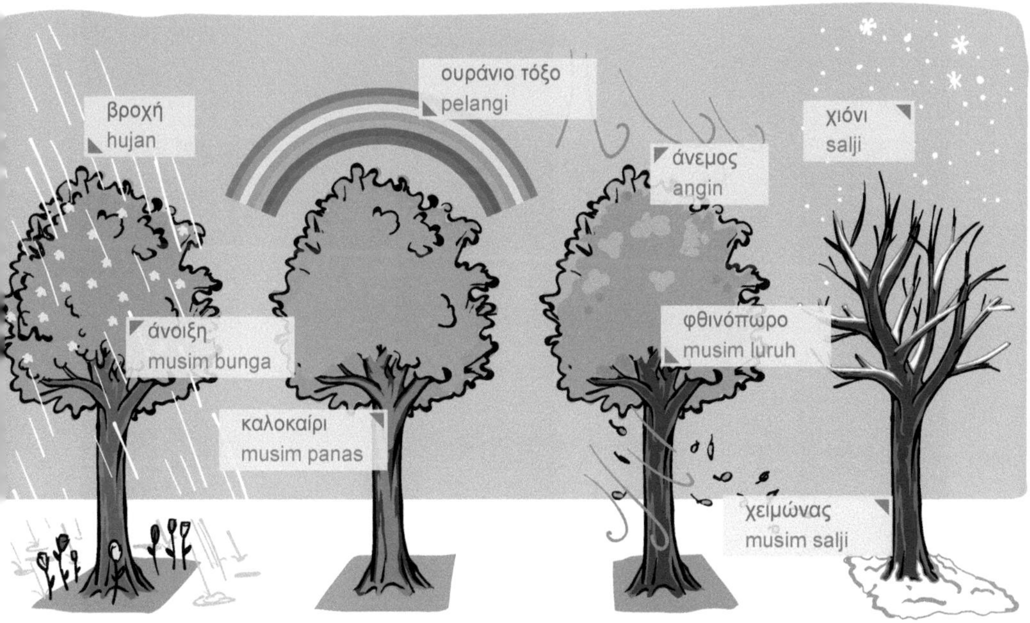

πρόγνωση καιρού

ramalan cuaca

θερμόμετρο

termometer

λιακάδα

sinar matahari

σύννεφο

awan

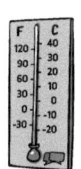

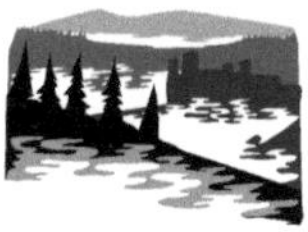

ομίχλη

kabus

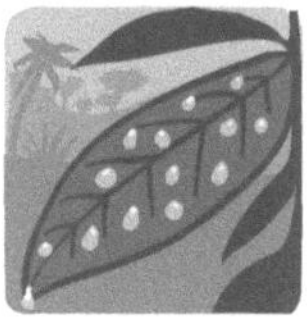

υγρασία

lembapan

αστραπή

kilat

κεραυνός

petir

καταιγίδα

ribut

χαλάζι

hujan batu

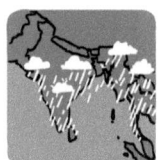

μουσώνας

monsun

πλημμύρα

banjir

πάγος

ais

Ιανουάριος

Januari

Φεβρουάριος

Februari

Μάρτιος

Mac

Απρίλιος

April

Μάιος

Mei

Ιούνιος

Jun

Ιούλιος

Julai

Αύγουστος

Ogos

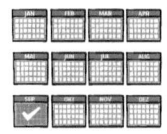

Σεπτέμβριος
....
September

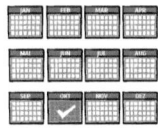

Οκτώβριος
....
Oktober

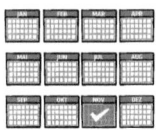

Νοέμβριος
....
November

Δεκέμβριος
....
Disember

σχήματα
bentuk

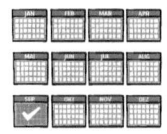

κύκλος
....
bulatan

τετράγωνο
....
petak

ορθογώνιο
παραλληλόγραμμο
segi empat tepat

τρίγωνο
....
segitiga

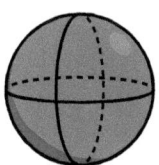

σφαίρα
....
sfera

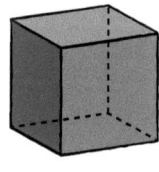

κύβος
....
kiub

άσπρο

putih

κίτρινο

kuning

πορτοκαλί

oren

ροζ

merah jambu

κόκκινο

merah

μωβ

ungu

μπλε

biru

πράσινο

hijau

καφέ

coklat

γκρι

kelabu

μαύρο

hitam

πολύ / λίγο

banyak / sedikit

θυμωμένος / ήρεμος

marah / tenang

όμορφος / άσχημος

cantik / hodoh

αρχή / τέλος

bermula / tamat

μεγάλος / μικρός

besar kecil

φωτεινός / σκοτεινός

terang / gelap

αδελφός / αδελφή

abang / kakak

καθαρός / λερωμένος

bersih / kotor

πλήρης / ατελής

lengkap / tidak lengkap

ημέρα / νύχτα

hari / malam

νεκρός / ζωντανός

mati / hidup

φαρδύς / στενός

luas / sempit

βρώσιμος / μη βρώσιμος

boleh dimakan / tidak boleh dimakan

κακός / ευγενικός

jahat / baik

ενθουσιασμένος / βαριεστημένος

teruja / bosan

παχύς / λεπτός

gemuk / kurus

πρώτος / τελευταίος

pertama / terakhir

φίλος / εχθρός

kawan / musuh

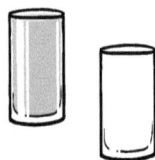

γεμάτος / άδειος

penuh / kosong

σκληρός / μαλακός

keras / lembut

βαρύς / ελαφρύς

berat / ringan

πείνα / δίψα

lapar / dahaga

άρρωστος / υγιής

sakit / sihat

παράνομος / νόμιμος

menyalahi undang-undang / undang-undang

έξυπνος / χαζός

pintar / bodoh

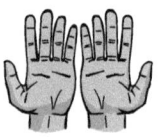

αριστερός / δεξιός

kiri / kanan

κοντινός / μακρινός

dekat / jauh

καινούριος /
μεταχειρισμένος
baru / lama

τίποτα / κάτι
tiada / sesuatu

γέρος | νέος
tua / muda

αναμμένος / σβηστός
hidup / mati

ανοιχτός / κλειστός
terbuka / tertutup

χαμηλόφωνος /
μεγαλόφωνος
diam / bising

πλούσιος / φτωχός
kaya / miskin

σωστός / λανθασμένος
betul / salah

τραχύς / λείος
kasar / halus

λυπημένος / χαρούμενος
sedih / gembira

κοντός / μακρύς
pendek / panjang

αργός / γρήγορος
lambat / laju

υγρός / στεγνός
basah / kering

ζεστός / δροσερός
panas / sejuk

πόλεμος / ειρήνη
berperang / berdamai

0

μηδέν

sifar

1

ένα

satu

2

δύο

dua

3

τρία

tiga

4

τέσσερα

empat

5

πέντε

lima

6

έξι

enam

7

εφτά

tujuh

8

οκτώ

lapan

9

εννιά

sembilan

10

δέκα

sepuluh

11

έντεκα

sebelas

12
δώδεκα
dua belas

13
δεκατρία
tiga belas

14
δεκατέσσερα
empat belas

15
δεκαπέντε
lima belas

16
δεκαέξι
enam belas

17
δεκαεφτά
tujuh belas

18
δεκαοκτώ
lapan belas

19
δεκαεννέα
Sembilan belas

20
είκοσι
dua puluh

100
εκατό
ratus

1.000
χίλια
ribu

1.000.000
εκατομμύριο
juta

Αγγλικά

Bahasa Inggeris

Αμερικάνικα Αγγλικά

Bahasa Inggeris Amerika

Μανδαρίνικα Κινέζικα

Bahasa Cina Mandarin

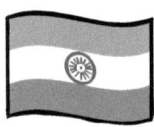

Χίντι

Bahasa Hindi

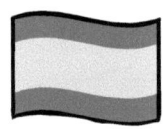

Ισπανικά

Bahasa Sepanyol

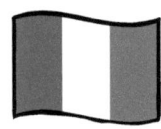

Γαλλικά

Bahasa Perancis

Αραβικά

Bahasa Arab

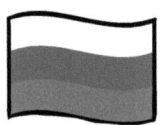

Ρώσικα

Bahasa Rusia

Πορτογαλικά

Bahasa Portugis

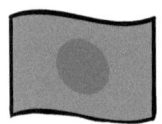

Μπενγκάλι

Bahasa Benggali

Γερμανικά

Bahasa Jerman

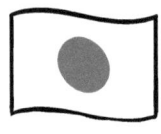

Ιαπωνικά

Bahasa Jepun

εγώ

saya

εσύ

anda

αυτός / αυτή / αυτό

dia / dia / ia

εμείς

kita

εσείς

anda

αυτοί / αυτές / αυτά

mereka

ποιος / ποια / ποιο;

siapa?

τι;

apa?

πώς;

bagaimana?

πού;

di mana?

πότε;

bila?

όνομα

nama

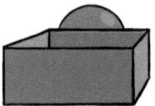

πίσω

belakang

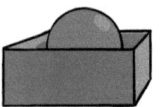

μέσα

dalam

μπροστά

di hadapan

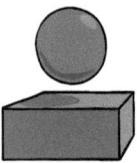

πάνω από

lebih

πάνω

pada

κάτω

di bawah

δίπλα

bersebelahan

ανάμεσα

antara

μέρος

tempat